달팽이 외나무다리 건너기

달팽이 외나무다리 건너기

김명배 시집

오늘의문학사

국립중앙도서관 출판시도서목록(CIP)

달팽이 외나무다리 건너기 : 김명배 시집 / 지은이: 김명배.
-- 대전 : 오늘의문학사, 2015
  p. ;   cm. -- (문학사랑시인선 ; 35)

ISBN 978-89-5669-659-1 03810 : ₩10000

한국 현대시[韓國 現代詩]

811.62-KDC5
895.714-DDC21   CIP2014038037

◆ 서문 ◆

산새가 찾아와서

산새가 찾아와서
미안하다 미안하다 웁니다
산이 높아서 미안하고
골짜기가 깊어서 미안하고,
우리 어머니의 기도는
미안합니다 미안합니다 였습니다
고맙다는 말을 미안하다 하고,
사랑한다는 말도 미안하다 하고
나도 왜 세상이 미안할까요
산새가 찾아와서
미안하다 미안하다 웁니다
어머니가 그립습니다
찬바람이 불어서 미안하고
나도바람꽃이 피어서 미안하고

차례

1 나무는 산으로 가고

서문 _ 5

나무는 산으로 가고 _ 13
절구 _ 14
채송화 _ 15
바람 _ 16
강아지꽃 _ 17
산새 소리 _ 18
고장난 벽시계 _ 19
낙서 _ 20
우리 마을 _ 21
나무는 _ 22
떡국 _ 23
종소리 1 _ 24
애기동백 _ 25
자연 _ 26
봄바람처럼 _ 27
보릿고개 _ 28
보름달 _ 29

2 법당에서 코고는 재미

쪽잠 _ 33
달팽이 외나무다리 건너기 _ 34
여름의 끝자락에서 _ 35
매미 _ 36
낮잠 _ 37
바람쐬기 _ 38
세성산 북벽에 _ 39
추어탕 _ 40
바람이 _ 41
당신의 심장은 안녕하십니까 _ 42
산이 _ 44
작별 _ 45
木川 지나며 _ 46
내색 _ 47
눈물 _ 48
하얀 詩 _ 49

● ● ● 차례

3 너무 작은 이야기

너무 작은 이야기 _ 53
가을 나무 1 _ 54
삽살개 _ 55
가을비 _ 56
종소리 2 _ 57
자 — 식 _ 58
강아지 _ 59
개 _ 60
산새의 울음기도 _ 61
소쩍새 울음소리 _ 62
개동요(介童謠) _ 63
쾌청한 날의 시 한 수 _ 64
집 보기 _ 65
안내문 _ 66
바위 _ 67
가을나무 2 _ 68
첫눈 _ 69
바람 _ 70

4 이놈 이놈 호령하시는

이놈 이놈 호령하시는 _ 73
눈길 _ 74
장승 _ 75
눈 오시는 날 _ 76
숨은 그림 찾기 _ 77
달 _ 78
달의 노래 _ 79
시는 법 _ 80
두 개의 정물 _ 81
푸른 하늘 오래 보기 _ 82
성묘 가는 날 _ 83
까치소리 _ 84
가슴과 머리 _ 85
가을에는 _ 86
바람은 왜 _ 87
가을서정 _ 88
가을달 _ 89
팅부둥(聽不懂) _ 90

차례

5 산 59번지

산 59번지 _ 93
얼굴 그리기 _ 94
마곡사(磨谷寺)에서 _ 95
소망의 저편 _ 96
겨울모기 _ 97
어느날 _ 98
은둔 _ 99
별 그리기 _ 100
신위(神位) _ 102
열반 _ 103
명(銘) _ 104
작별(作別) _ 105
떠날 수 있는 이유 _ 106
석별(惜別) _ 108
노옹(老翁) _ 109
막걸리 _ 110

1 나무는 산으로 가고

나무는 산으로 가고

꽃은 산으로 가고
벌 나비도 산으로 가고
산이 되는 일 어디 쉬운 일인가
가슴 조이지 말자
오늘 아니면
내일은 산이 되겠지
나무는 산으로 가고
새들도 산으로 가고
산에 올라가 위를 보랴
산속의 산을 보고
말을 잃는다
언제 산이 산이 될까
오늘은 산이 될까
산이 되는 일 어디 쉬운 일인가
스님은 산으로 가고
노을도 산으로 가고

절구
— 허튼소리

절구는 입을 벌리고 살아도 아는 것도 모르고 모르는 것도 모르고 도대체 말이 없다. 우리 엄니하고 친한 사이였으니 백 이삼십은 족히 넘었겠지만 왜 일평생 아는 것도 알고 모르는 것도 아는 이 세상 다른 쪽을 외면하고 살까 석불은 간절히 원하면 입을 열지 않고도 말씀을 주신다는데 절구도 정성을 다해 간절히 원한다면 말씀을 아니 주시겠느냐고 우리 엄니가 말씀하시는 것 같다.

오늘은 절구가 나를 보고 빙긋이 웃는다 내가 아니면 절구가 드디어 미치지 싶다.

채송화

—2014

큰 것도 없고 작은 것도 없고
높은 것도 없고 낮은 것도 없고
아무것도 없는 마음 열 손가락
하늘을 향해 작별을 고하네
만세소리도 없고 아우성도 없네

바람

날개도 없는 것이
발도 바퀴도 없는 것이
눈도 없는 것이
산바람 가득 몰고와서
내 방에 부려놓고 간다
내가 왜 모를까
밤낮없이 내게 주는 산바람
그것이 내게
날개를 주고
발을 주고 바퀴를 주고
눈을 주는 것
나도 안다 잘 안다

강아지꽃

꿈속에 작은 꿈
작은 꿈속에 더 작은 꿈
더 작은 꿈속에 더 더 작은 꿈
잠을 깨어 뜰에 나와 찾아봤더니
초롱초롱 강아지꽃
줄을 타고 피어 있네
더 더 작은 꿈 줄을 타고
피어 있네
아기 꿈 초롱초롱 강아지꽃
꿈속에도 피어 있네

산새 소리

눈 감고 귀 막고
외면하고 살면
세상이 없어지니
니가 없어지니
미친개 짖는 소리도 듣고
화냥년 뒤태도 보고
외면 않고 살면
가끔 눈 감고 귀 막고
외면할 수도 있지 않니
산에 들지도 않고
산이려 면벽 마시게

산새가 우짖고 간다

고장난 벽시계
— 허튼소리

고장난 벽시계를 보고 놀고 있다 손자놈은 시계가 가지 않는다 하고 손녀딸은 시간이 가지 않는다 하고 우기고 있다 둘 다 굽힐 생각이 없다 손자놈이 할아버지 내 말이 맞지 하면 그래 니 말이 맞다 하고 손녀딸이 할아버지 내 말이 맞지 하면 그래 니 말이 맞다 하고 그 말장난에 나도 끼어든다 그 재미도 쏠쏠하다

손자놈의 말도 맞고 손녀딸의 말도 맞고 또 어느 성인의 화법을 흉내낸 내 대답도 틀리지 않은 것 같은데 이제 두 놈들이 다 커버렸다 오늘은 파리랑 놀고 있다 파리 한 마리 내 콧등에 앉았다가 날아오르고 내 이마에 앉았다가 날아오르고 계속 나를 희롱한다 그 재미도 쏠쏠하다

내 시간은 이미 멈추어버렸지만 종이비행기 접어서 날려 보내고 싶다 유년의 하늘은 너무 푸르다

낙서

진달래야
나 너
안 보고 싶다
하나도 안 보고 싶다
얼굴 붉히지 마라
아무데나 낙서하지 마라
개나리야
나 너
안 보고 싶다
하나도 안 보고 싶다

우리 마을

허리 굽은 길과
느리고 게으른 시간이 졸고 있는
아주 작은 마을입니다
교회 아니면 암자 하나
있으면 좋고
산새가 찾아와서 놀고 가면
더 좋습니다
한 오백년쯤 된
앉은뱅이집 몇 채가
이마를 맞대고 졸고 있고
그 안에 그도 있고 나도 있고
그를 닮은 누구와 나를 닮은 누구
그리고 그 세월이 있으면 됩니다
푸른 하늘과 흰구름이
없는 듯 있는 평온
'청기 올려 백기 내려'
이런 놀이를 해도 좋습니다
허리 굽은 길과
느리고 게으른 시간이 졸고 있는
아주 작은 마을입니다

나무는

나무는 어느 쪽으로 몸을 기울이는가
그리움 쪽이다
산도 그리움 쪽으로 몸을 기울인다
누가 오시는 쪽이다
벌써 반은 지나갔을지도 모르고
벌써 다 지나갔을지도 모르지만
오늘은 내가 혼자가 아닌 듯싶다
누가 내 손을 잡아주는가
그리움은 혼자가 아니다
그리워서 혼자가 아니다
나무는 어느 쪽으로 몸을 기울이는가
그리움 쪽이다
산도 그리움 쪽으로 몸을 기울인다
누가 오시는 쪽이다

떡국

꼰대라는 말 듣고 산다

내년이 갑오년이다
아버지는 나보다 열 살 더 자시고
어머니는 나보다 스무 살 덜 자신다
어른들은 연세 안 드시고
해마다 나만 나이를 먹는다
내년이 2014년이다
아버지 어머니는 나를
스물쯤으로 아시겠지만 내 나이
아버지보다 꼭 열 살 덜 먹고
어머니보다 꼭 스무 살 더 먹는다
어른들은 연세 안 드시고
해마다 나만 나이를 먹는다
벌써 여든하고 세 살이 된다
잘하면 떡국 몇 그릇 더 먹겠다

일몰인간이라는 말 듣고 산다

종소리 1

나는 얼마나 바람입니까
나는 얼마나 물입니까

무릎 꿇고 두 손 모으고
머리를 조아리는

나는 얼마나 까치입니까
나는 얼마나 뱀입니까

종소리여
쪽빛 종소리여

나는 얼마나 사람입니까
나는 얼마나 밥입니까

애기동백
― 허튼소리

봄 뜰에 애기동백 웃고 있네요
거짓말처럼 웃고 있네요
산다는 것은
가끔 거짓말을 한다는 것
애기동백처럼 아주 가끔
아름다운 거짓말을 한다는 것
그리고 의문을 남긴다는 것
무엇이 삶의 진실인지는 몰라도
죽은 후엔 아무 말도 못한다는 것
변명도 못한다는 것
죽는다는 것은
거짓말을 못한다는 것
그리고 의문을 남기지 못한다는 것
봄 뜰에 애기동백 웃고 있네요
거짓말처럼 웃고 있네요

자연
— 허튼소리

꿈의 영역은 늘 허술하다. 왜 우리는 꿈의 영역을 범하려 하는 걸까. 가만히 어둠속에 귀를 세우면 깊은 동굴로부터 들려오는 원시의 발자국 소리, 한 천년쯤 만년쯤 뒤에 우리가 또 한번 자멸하여 돌아가는 곳도 꿈의 뒤를 따라가는 행렬이겠지만 꿈이 돌아오는 곳도 우리 행렬 뒤를 따라오는 것 맞다. 우리는 아주 큰 원을 그리며 돌고 있는 자연 속에 방임되어 있는 것 맞다. 꿈은 자기의 영역 안에 허수아비 병정 하나 세워두지 않는다. 그래서 우리는 꿈을 범하려 한다. 꿈은 늘 우리를 유혹한다.

봄바람처럼

우리
둥지는 만들지 말자
하늘 아래 어디든
둥지라 하면 둥지 아닌 게 있나
시작은 몰랐으니 끝도 모르는 유랑
그냥 바람처럼 사랑을 깨우며
깨우며 가자. 어디론가 가자
봄눈처럼 봄바람처럼 가자
길어야 하루인데
우리
둥지는 만들지 말자

보릿고개
― 허튼소리

아지랭이가 입니다 눈이 감깁니다 누구의 무덤입니까 귀를 대봅니다 와글거립니다 '순장을 거부할 권리를 달라' 헛바닥과 목구멍과 의치와 그리고 기생충들이 법석입니다. 무덤 속의 누가 귀를 막습니다 꼬르륵 침 넘기는 소리가 납니다 그쪽 세상도 꽤나 시끄러운 모양입니다 아지랭이가 입니다 숟가락을 가지고 누가 돌아올 것 같은 날 무덤 속에 들어가 숨어버릴까 텀부덩 불 속에 빠져버릴까 고민중입니다 춘곤증이 심합니다. 멀리 길이나 떠나야겠습니다

보름달
— 허튼소리

　보름달은 애꾸눈이 도둑고양이의 눈, 그놈은 저를 노려보거나 겁을 주는 자를 같잖은 촌놈으로 보고 경멸합니다. 나를 보고는 구린내 나는 고약한 짐승이라고 욕을 합니다. 맞습니다. 욕 안 먹고 사는 놈이 어디 사람입니까. 밤에 자는 놈이나 낮에 자는 놈이나 욕 안 먹고 사는 놈이 어디 짐승입니까. 보름달은 애꾸눈이 도둑고양이의 눈. 그놈이 며칠 안 보입니다. 궁금합니다. 오늘밤은 보름달이 슬퍼 보입니다.

2 법당에서 코고는 재미

쪽잠

법당에서 자는 쪽잠
참 달다
고운 새댁 훔쳐보는 스님보다
재미있다
독경도 달고 법문도 달고
매미소리는 더 달다
법당에서 코고는 재미
모르는 척 눈을 감는다
어머니 다니시던 절에 와서
법당에서 자는 쪽잠
참 달다
어머니 뵙는 방법
그것밖에 없다

달팽이 외나무다리 건너기
― 허튼소리

　달팽이보살 외나무다리 건너가신다 시간도 없고 세월도 없으신지 느릿느릿 건너가신다 삼각산 돌부처도 바람이 드시면 봉두난발하고 바람같이 외나무다리 건너가신다는데 돌아오시는 길은 필시 저런 달팽이 걸음 아니었을까 싶다 민둥머리 쓰다듬으며 허 참, 얼마나 민망하셨을까 외나무다리 건너가시는 달팽이보살 흉내짓이든 돌아오시는 삼각산 돌부처 흉내짓이든 오늘은 내가 외나무다리 건너가고 싶다 차마 건너오고 싶다

여름의 끝자락에서
— 허튼소리

청개구리가 묻는다
니가 더 행복하니
내가 더 행복하니
심심하면 묻는다
돈 때문에 넌 웃고 울지
난 안 그런다
청개구리가 묻는다
내가 더 행복하니
니가 더 행복하니
심심하면 묻는다

못들은 척 한다
하늘은 점점 높아진다

매미
—2013

어떤 놈이 찍찍 몇 번
별나게 울더니 잠잠해진다
'캐새키 캐새키'
잘 울던 놈들도
그 별난 소리에 잠잠해진다
올 여름 매미는 왜
울다가 말다가 할까
낮잠 자던 개가 컹컹 짖는다
'캐새키 캐새키'
매미가 다시 운다
잘해 미치면 안 돼
'캐새키 캐새키'
매미가 운다

낮잠

꿈속에 매미가 들어오다
울 줄 모르면 웃을 줄도 모른다
매미는 어떻게 웃을까
울고 있는 걸까 웃고 있는 걸까
어쩌면 꿈속에 나타나는 누구 같다
그는 웃고 있는데 울고 있는 것 같고
울고 있는데 웃고 있는 것 같다
그런 얼굴은 싫다
사랑과 미움은 누구랑
한 집에 산다 했지만
퍽도 심심했던 모양이다
꿈속에까지 데리고 들어와 함께 산다
매미는 울고 있는 걸까
웃고 있는 걸까

바람쐬기

큰 것은 커서 그렇고
작은 것은 작아서 그렇고
참외 하나 깎기 쉽지 않다
나는 왜 어머니랑 그리 다를까
어머니는 큰 것은 커서 좋고
작은 것은 작아서 좋다 하셨는데
세상 모든 것
좋다고 생각하면 좋아서 좋고
그래서 다 좋다고 하셨는데
나는 왜 무엇을 고르고 살아왔는가

툭 치시는 어머니를 느낀다
바람은 늘 하늘빛이다

세성산 북벽에
― 허튼소리

세성산* 북벽 거기 어디에 조선시대 소리가 살고 있습니다 혼자서는 울지도 못하는 피리입니다 비가 오고 개인 날이거나 눈이 내리고 청청한 날에 목이 긴 소녀가 찾아와서 그 피리를 붑니다 곡조는 알 수 없지만 지 엄니 소싯적 가락이 저런 것 아니었을까 하고 사람들은 듣습니다 먼 훗날에도 그 곡조 들었으면 싶습니다 눈 감고 귀 막으면 혹시 들리는 그 피리소리, 언제나 한쪽 코가 막힌 소리입니다 세성산 북벽에 파랑새 언제 돌아올까요 돌아와서 그 피리 막힌 코 뚫어줄까요 개이고 청청한 날에 그 소녀의 피리소리 들리십니까 조선시대 소리 들리십니까 지 엄니 소싯적 가락이 저런 것 아니었을까 하고 사람들은 듣습니다

* 세성산 : 細城山. 천안시 동남구 성남면 동북 면계에 있는 산. 동학군 최후의 집결지 가운데 하나인 산

추어탕
— 허튼소리

니가 들은 귓속말 중에 이런 말 없었니 꿈은 꾸지 마라 겁 없이 꿈은 왜 꾸느냐 산1번지까지 와서 더는 어쩌랴 하늘까지는 꿈도 꾸지 마라 미꾸라지 용 됐다는 소리 들은 적 없다 추어탕 속에 니가 꾼 용꿈이 들어 있다면 '한 뚝배기 하고' 승천해 보려는 겁 없는 잡놈 있겠지 한밤중에 중천에서 삐끗해 떨어져 죽는 잡놈도 있을지 모르지 니가 들은 귓속말 중에 이런 말 없었니 꿈은 꾸지 마라 겁 없이 꿈은 왜 꾸느냐

하지만 밥만 먹고는 못 살지 꿈이라도 꾸어야 살지

바람이

바람이 말을 타고 달려갑니다
추격하는 궁사가 있습니다
새소리가 우수수 떨어집니다
말발굽소리가 아니 들리는 건
아니지만
발자국은 없습니다
그림자도 없습니다
신은 너무 장난이 심하십니다
어쩌자는 것입니까
내 가슴만 흔들어 놓았습니다
광야에서는 나는 아직 소년입니다
바람이 헤픈 열여섯 낭만이라면
나는 겁 없는 열여섯 명궁입니다
바람이 말을 타고 달려갑니다
추격하는 궁사가 있습니다
새소리가 우수수 떨어집니다
신은 너무 장난이 심하십니다.

당신의 심장은 안녕하십니까

심장의 박동소리가 들리십니까
아직은 환청이겠지만
떨어지는 나뭇잎이며 흩어지는 바람 속에
출발을 준비하는 심장들이 숨어 있습니다
하늘 한 조각씩 이고 살기를 원하는
심장들은 벌써 뛸 준비를 마치고
출발신호를 기다리는 중입니다
사람들을 조심하십시오
사람들은 날마다 신선한 심장을 식탁 위에 올려놓고
칼과 포크로 성찬을 즐깁니다
오늘 아침 당신은
몇 개의 심장으로 만복하셨습니까
당신의 뱃속에서 착각으로 오작동했다가
정지하는 심장의 비명이 들리십니까
천둥과 먹구름 속에도 들립니다
아직은 환청이겠지만
심장의 박동소리가 들리십니까

나는 아침마다 나 혼자서
내 심장을 만나기 위해
은밀한 곳에서 기다리고 있습니다
당신의 심장은 안녕하십니까

산이

산새가 찾아와서
내게 말을 건네다
대꾸하지 않았더니
같은 말을 되풀이하다
그래그래 잘 있었니
말을 받아주다
산새는 몇 마디 내게
같은 말을 건네고
날아가 버리다
그래그래 잘 가거라
내가 말을 던지다
나는 산이 보고 싶다
산새가 다녀갔어도
나는 산이 보고 싶다

작별

까막굴뚝새 한 마리
내 꿈속에 들어와 박히다
밤새도록 나랑 사랑하다가
새벽별 되어 날아오르다
눈이 부시다
저것이 사랑인가
내 꿈속에 두고 간 심장이
박동을 멈추지 않는다
작별은 끝도 아니고
시작도 아니다.
그냥 사랑일 뿐이다.

木川 지나며

木川川의 물새알
어디다 낳아 두었을까
거문산의 삼신할매
어디다 숨겨 두셨을까
어디 가야 후일담
들을 수 있을까
바람은 헤매다 그냥
떠난다.

내색
— 허튼소리

    길가에 주저앉아서 누가 게걸대고 있습니다. 마누라가 미워서 하루에도 몇 번씩 쥐어박고 싶고 수도 없이 죽이고도 싶었지만 그놈의 하늘이 무언지 그것 때문에 내색 한 번 못 해보고 살고 있다 합니다. 진심은 아니지만 나도 아내를 그렇게 하고 싶었을까요. 몇 번이나 아내를 그렇게 하고 싶었을까요. 계집은 제 사내에게, 사내는 제 계집에게 가장 많이 죄짓고 산다는 말 틀린 말이 아닙니다. 그놈의 하늘 때문에 살고 있다는 말도 맞는 말 같습니다. 그래도 결혼은 해야 합니다. 우리가 원하는 건 사랑만이 아닙니다. 달빛 하늘이 우수수 떨어지는데 누가 길가에 주저앉아서 게걸대고 있습니다. 으스스 합니다 세상이 너무 밝은 것도 좋은 게 아닙니다.

눈물

눈물만 있다면
사랑도 미움도 하늘로 올라가
하얗게 하얗게 눈이 되어 내린다네
눈물만 있다면
우리는 다르지 않네
하얗게 하얗게 다르지 않네
눈물만 있다면
니 맘도 내 맘도 하늘로 올라가
하얗게 하얗게 눈이 되어 내린다네

눈송이 속에는 뜨거운 눈물이 있네
하얀 눈물의 심장이 있네

하얀 詩

  산새가 찾아와서 오늘은 마른 나뭇가지에 앉아 하늘만 쳐다 보다가 가버렸네 텅 빈 산사 법당에 엎드려 흐느끼는 개살구나무 속없는 세월 한 토막 못 보셨는가 하얀 아주 하얀 산새가 찾아와서 오늘은 그 세월 묵음시* 한 수 읊고 갔다네 눈이 오실 것 같네 오늘 밤은 하얀 아주 하얀 발자국 남기고 누가 왔다가 갈 것 같네 아침에 그 발자국 읽으라는 뜻이겠지 알까 모르겠네

* 묵음시 : 默音詩

3 너무 작은 이야기

너무 작은 이야기
— 허튼소리

　나보다 조그만 놈이 나보다 큰 소리로 짖는다 요것 봐라 나도 큰 소리로 그놈을 짖는다 그랬더니 멈칫멈칫 두어 발 물러서서 갸우뚱갸우뚱 나를 살핀다 이런 개도 있었던가 별것이 아닌 것이 아니다 그놈이 바람난 모양이다 짐짓 내가 두어 발 물러서는 척하면 그놈은 나를 보고 저보다 큰놈이 조그만 저를 보고 비실비실 도망친다 요것봐라 재미있다 재미있다 큰 소리로 더 큰 소리로 나를 공격하는 척 할 것이다 그러다가 눈이 맞아 사랑했을지도 모른다 별것이 아닌 것이 아니다 나를 보고 짖는 조그만 그놈이 나를 바람나게 한다.

　그놈의 목줄 길이와 내 목줄 길이가 별반 차이가 없다 이 목줄의 수수께끼가 어느날 갑자기 풀리면 그놈도 나도 잊혀지는 작은 바람이 될까 꿈이 될까

가을 나무 1

손을 거부하는 아이를 보고
깜짝 놀라서 손을 놓는다
바람이 분다
하늘이 너무 높은데
땅이 너무 넓은데
바람 없이는 아무 것도 없다
왜 사랑에 머물었을까
슬프냐 슬프면 울면 되고
아프냐 아프면 안 돼 죽는다
누군가 지금까지도 손을 놓지 않고
명멸하는 자는
바람은 하늘을 만들고 있다
세상의 반은 바람이다
나머지 반 또한 바람이고
손을 거부하는 아이를 보고
깜짝 놀라서 손을 놓는다
바람 없이는 아무 것도 없다

삽살개
— 허튼소리

우리 외할머니는 바람속에 계십니다 그 곁에 동자승도 계십니다 어쩌다 늙은 삽살개가 짖는 날엔 하늘을 보고 저놈은 또 귀신 보고 짖는다 하시던 외할머니 백수를 넘기신 당신에게도 안 보이는 저승사자를 늙은 삽살개가 본다고 믿으셨습니다 그래서 늘 늙은 삽살개의 짖는 소리에 민감하셨습니다 정신이 깜빡해질 때에는 나를 동자승으로 착각하기도 했지만 바로 내 손을 잡고 내 이름을 되풀이 해 부르시던 외할머니 왜 바람 속에서 웃고 계실까요 동자승은 또 왜 곁에 계실까요

그런데 나를 외면하는 삽살개 그놈 생각만 하면 잠이 오지 않습니다

가을비

아침부터 강아지가 짖어대더니
오늘은 가을비가 내립니다
가을비는 내 뺨을 어루만집니다
익숙한 어머니의 차가운 손
오셨습니다 오셨습니까
강아지가 아침부터 짖어대더니
오늘은 가을비가 내립니다

종소리 2

종은 몸으로 웁니다
종은 혼으로 웁니다
아닙니다
종은 아래로 웁니다
어미와
아기의 고고성
그래서 세상 끝까지 달려갔다가
뒤돌아옵니다
종은 혼으로 웁니다
종은 몸으로 웁니다
아닙니다 종은 아래로 웁니다

자―식
― 허튼소리

아직도 웃을 것이 남았더냐 아직도 울 것이 남았더냐 하면서 그 입으로 꾸역꾸역 밥을 죽이고 있다 산새가 짖는다 까치가 짖는다 아직도 눈 감을 일이 남았더냐 아직도 귀 막을 일이 남았더냐 하면서 그 입으로 꾸역꾸역 밥을 죽이고 있다 소가 웃는다 장승이 웃는다

니 팔뚝 굵다

강아지

강아지가 꼬리를 친다
너도 꼬리를 쳐라
강아지가 컹컹 짖는다
너도 멍멍 짖어라
니가 친구가 아니면
너는 친구가 없다

강아지가 내게 가르치고 있다
꼬리치고 컹컹 짖고
야단법석이다.

개

저놈은 왜 자꾸 짖고 있는가
미루나무 꼭대기를 보고 짖는다
까치가 짖는다고 따라 짖는가
개는 개가 짖을 때 따라 짖는 거지
별 일이다
저놈은 개인가 개 같은 놈인가
별 일 다 보겠네
세상에 저런 놈 하도 많아서
저놈도 그냥 그렇게 짖고 있겠지
미루나무 꼭대기를 보고 짖는다
바람도 컹컹 짖는다
각각 짖는다.

산새의 울음기도
— 허튼소리

우리집에 찾아오는 산새는 아침에도 울고 저녁에도 운다 이 세상 모든 것과 내가 아직 옷이 없었을 때 나는 어떻게 기도했을까 세상에는 웃음과 울음 두 가지의 기도밖에 없는데 나는 아침에는 웃고 저녁에는 울었을까 웃음은 너무 어렵다 우리집에 찾아오는 산새는 아침에도 울고 저녁에도 운다 산속에 들어가 눈물로 사람냄새를 지우고 나면 나도 저렇게 울 수 있을까 산새의 울음으로 기도하고 싶다

소쩍새 울음소리
— 허튼소리

'닭이 먼저냐 달걀이 먼저냐' 그건 잘 모르지만 웃음이 먼저냐 울음이 먼저냐 그건 알 것 같다 웃음이 먼저다 배내 웃음이란 말을 들었어도 배내 울음이란 말은 들어보지 못했다 나는 어머니 뱃속에서부터 웃음이 서툴렀는지 잘 웃지 못한다 웃음은 너무 어렵다 그래서 나는 한평생 울음을 가까이 두고 산다 웃음보다 울음이 어렵지 않은 이유는 그것 때문이다 오늘밤도 저놈의 소쩍새가 자꾸 울어서 울지 않으려 해도 또 따라 울고 만다 왜 나는 울음을 참지 못하는지 야속하다

개동요 介童謠
― 개똥이의 노래

바보 개똥이는 웃고 산다네
하루종일 웃고도 밤에 또 웃는다네
큰일 볼 때만 웃지 못하고
엉덩이를 까고 앉아 아리랑을 부른다네
개똥이의 꿈은 실컷 웃고 죽자라네
바보 개똥이는 웃고 산다네

그 사람 참 행복했다네

쾌청한 날의 시 한 수
― 허튼소리

  그놈 혼자 집에 두고 며칠 급한 일을 보고 왔더니 방방 뜨고 뱅뱅 돌고 야단이다 그놈은 나를 주인으로 아는 걸까 식구로 아는 걸까 라면 하나 끓여 가지고 그놈을 불렀다 대꾸가 없다 그놈은 벌써 오찬을 마치고 물그릇도 깨끗이 비워버렸다 똥무더기 두어 군데 모락모락 김이 나는 것 보니 사람 사는 집 같다 그놈은 나를 장돌뱅이로 알까 바람둥이로 알까 두어 시간 있다가 목욕이나 시켜주고 미안하지만 또 혼자 몇 시간 두어야 하는데 그놈은 마냥 단잠에 빠져버렸다 꿈을 꾸고 있을까 방방 뜨고 뱅뱅 돌고 법석을 떨고 있을까 같은 하늘을 이고 있으면 내가 없어도 둘이 있고 그놈이 없어도 둘이 있는 쾌청한 날의 시 한 수로 살 수 있어 좋다

집 보기
— 허튼소리

우리집 나무들은 호리호리하다. 그래서 그런지 외손주놈도 키만 크다. 그 놈이 찾아왔으니 끼니는 해결해 주어야겠고 자장면을 시켜 주었다. 슬그머니 5백원이 올라 있었다. 물가도 키만 큰다. 더 오를 것 같아서 미리 가격을 더 올리는 호리호리한 세상, 뚱보들이 활보하는 거리에 어울릴지 모른다. 우리 아버지 말씀대로 하면 5백원 올랐으니 6백원 오른 것보다 낫지, 조금씩 손해 보듯 사는 세상 아니냐. 우리집 가훈 풀이는 조금씩 손해 보며 살자는 것이다. 값은 오르고 양은 적어졌으니 호리호리하다는 말 맞는 것 같다. 외손주놈 간다기에 여느 때보다 조금 더 용돈을 넣어 보냈다. 일본 원전 사고며 아프리카 아랍 오렌지 혁명이며 시끄러운 세상이 미안해서이다. 병원 간 아내가 돌아올 시간이 지났는데 너무 늦어진다. 우리집 나무들은 실속없이 나처럼 키만 크다. 키가 커서 미안하다.

안내문

이 바위에 앉아보십시오
맥박이 옵니다
이 바윗속에 심장이 있는 게 분명합니다
어느 시대의 생명인지는 몰라도
신비한 침묵이 있습니다
경배는 못할망정 이곳에
무심코 볼일을 보지 마십시오
함부로 낙서하지 마십시오
그냥 두고 함께 살면 이 바위는
당신을 사랑할 겁니다

바위

바위도 암수가 있고
심장이 있습니다
내 가슴속에 머리박고
흐느끼는 바윗덩이
수놈을 만나면 암놈이 되고
암놈을 만나면 수놈이 되는
신비한 바위입니다
나는 암놈입니까 수놈입니까
내 가슴속에 머리박고
흐느끼는 바윗덩이
바위도 심장이 있고
암수가 있습니다.

가을나무 2

나뭇잎이 손을 흔들며 간다
나무는 침묵한다
침묵을 듣는다
내년 봄에 손을 흔들며 와서
웃는 법 배우자고 한다
나뭇잎이 손을 흔들며 간다
나무는 침묵한다
침묵을 듣는다
내년 봄에 손을 흔들며 와서
눈으로 말하는 법 배우자고 한다
침묵과의 대화는 침묵이 격이다
나뭇잎이 손을 흔들며 간다

첫눈

밤새도록 개가 짖는다
그날이구나
머슴부처도 생일이 있으시다
온몸에 흰눈을 입으시고
축복을 보내고 계시다
첫눈이 오는 날은 누구와도
함께 생일이고 싶다
이 말씀이시다

바람

세상은 하나의 그리움이고
우리는 하룻밤 자고 가는 바람입니다
바람 속에는 별도 있고
눈 내리는 밤도 있습니다
그래서 만남과 이별은 그리움입니다
언젠가 바람이
어깨를 툭 치고 지나가면 우리는
바람 따라 가야합니다
웃음이거나 울음이거나 그런
시 한 소절 살고 가는
사랑도 미움도 다 바람입니다
또 언젠가 바람이
촛불을 불어 끄고 지나가면 우리는
어두운 밤길을 가야합니다
안 보이는 것들은 모두 하늘입니다
세상은 하나의 그리움이고
우리는 하룻밤 자고 가는 바람입니다
몸도 마음도 없으니
따로 길이 있어 무엇합니까

4 이놈 이놈 호령하시는

이놈 이놈 호령하시는
— 허튼소리

　가다가 목이 떨어진 돌부처를 만나다 예를 올리고 가는 등뒤에 대고 이놈아 여기는 무엇하러 왔느냐 소리치시다 엉겁결에 나 찾으러 왔소이다 대답했더니 이번에는 니 목이나 잘 지켜라 호통이시다 그때부터 나는 나도 모르게 니 목이나 잘 지켜라 니 목이나 잘 지켜라 혼잣말을 하고 다닌다 얼굴 가득 큰눈 하나만 달고 있는 머리통들이 밤낮없이 떠돌아다닌다 해탈인가 자유인가 누가 또 내게 여기는 무엇하러 왔느냐 묻는다면 죽으러 왔다 그래 어쩔래 하고 톡 쏘아붙일 것이다 독해야만 지 목 하나 지킬 수 있는 세상 아니냐 돌부처도 못 지키는 목을 내가 어찌 지킬까 몸뚱이만 가부좌하고 계신 돌부처를 꿈속에서 자주 만난다 늘 나를 보고 이놈 이놈 호령하신다 해탈이고 자유고 나는 아직 아직 멀었다 큰눈 하나만 달고 있는 머리통 하나가 유심히 나를 살피고 다닌다 두렵다니 아니 나는 외롭지 않다.

눈길
— 허튼소리

밤새도록 짖는 개가 예사롭지 않다. 누가 밤의 옆구리를 걷어차고 갔는가. 개노릇도 못하는 늙은 개가 짖는 날은 여우도 짖지 않는다. 어쩌자고 잠도 아니 자고 그 작은 날개만으로 펄펄 눈이 내려서 밤의 중심을 흔드는가. 어떤 놈이 왼쪽 날개이고 또 어떤 놈이 오른쪽 날개인지 어찌 알까 잠을 설치고 일어나 나도 짖다. 이유없이 짖는 개는 없다. 검새울 미륵바위가 홱 가닥 돈 줄 알고 짖었는가. 흔들리고 있다. 저놈은 꽤나 싱거운 놈이지만 나는 어떤가. 이 하얀 세상 어디를 보고 짖어야 할지 몰라서 허공을 보고 짖는다, 눈이 부시다, 천하가 다 흔들리는데 나만 아니 흔들릴 수 있나. 백운산 산도깨비 저것들도 흔들리지 않고 배길 수 없지

이 좋은 날에 먼 길을 떠나고 싶다.

장승
— 허튼소리

　바람이 뒤통수를 툭 치고 지나가도 그는 뻐드렁니 드러내고 웃는다. 입아귀로 침이 흘러내리는 건 아니 보이지만 흘러내리지 싶다. 지나가는 것들 모두 달이며 구름이며 세월까지도 그냥 지나치지 못하고 잠시 멈추어 섰다가 간다. 왜 그럴까. 어디를 보고 있는지 알 수 없는 그의 눈동자 꽤 수상하다. 저 사팔눈은 진실을 보는 눈이 맞는가 법을 보는 눈이 맞는가, 어지럽다, 세상이 어지러워서 나는 무심할 수 없다, 뱅뱅 맴을 돌까, 아니면 아내와 나의 허상 그의 웃음결 어디에 무심으로 세워둘까. 바람이 이마를 툭 치고 지나간다. 천하대장군 지하여장군 천년을 넘어 태어나서 한 백년 더 살았으니 성불을 못했지만 성불하지 싶다.

　그런데 왜 그는 비 오시는 날 눈물을 보일까.

눈 오시는 날

눈이 오시면 왜
미안할까요
미안합니다 미안합니다
왜 그런지 모르지만
미안합니다
눈이 내려서 당신의 가슴이
눈으로 가득 차면
나는 작은 눈사람이 되어서
당신의 등뒤에 숨어버립니다
미안합니다 미안합니다
왜 그런지 모르지만
미안합니다
눈이 오시면 왜
미안할까요

숨은 그림 찾기

통나무의자에 가을이 앉아 있다
은행나무 가지에는 여름바람이 남아서
묵찌빠 놀이를 하고 있다
거기 누구 없소 해도 대답이 없다
기차소리가 가까이 들리는 걸 보면
노을 없는 저녁이 올 것 같다
오늘밤은 누구랑 만날까 만나서
누구랑 같이 울까
귀뚜라미는 낮부터 야단이다
이 풍경 속에 누가 있을 것 같은데
어디 있을까
사랑은 그래 사랑은
보이지 않아도 느낄 수 있는 법
세상에 불청객이 어디 있는가
통나무의자에 누가 와 계시다
거기 누구 있소 해도 대답이 없다

달

산속에 무엇이 있을까
엿보고 있다
달은 그래서 눈이
조금씩 커졌다가
또 조금씩 작아졌다가 한다
산은 밤마다
큰 짐은 작게 묶어서 나누어 지고
작은 짐은 하나로 묶어서 함께 지는
나누기와 곱하기를 하고 있다
사랑도 미움도 없다
산속에 무엇이 있을까
엿보고 있다
달은 깨달음을 얻고 있다
그래서 달은 눈이
조금씩 작아졌다가
또 조금씩 커졌다가 한다

달의 노래

나도 하나 가지고
너도 하나 가지고
하나가 남는다
세상사람 모두
하나씩 가지고도
하나가 남는다
꼭 하나가 남는다
내 것이 아니고 내 것인
니 것이 아니고 니 것인
누구 것도 아니고 누구 것인
저 달
하나뿐이지만
언제나 하나가 남는
텅 빈 마음
중천에 떠 있다

내 달 니 달 누구 달
어디 어디 떠 있나
여기 여기 떠 있지

사는 법
— 허튼소리

멍멍멍 소리치면 머리 위엔 우수수 별이 쏟아진다 살아있는 것들이 무섭다 살아 있어서 그가 무섭고 니가 무섭고 내가 무섭다 하늘이 보이지도 않느냐 니가 가진 니 별 자리는 니 것이 아니다 별이 돼야 한다 별이 되기 위해서는 중심을 만들어야 한다 뱅뱅 돌아라 뱅뱅뱅 돌아라

히히히히 소리치면 머리 위엔 별 별들이 명멸한다 죽어있는 것들이 우습다 죽어 있어서 그가 우습고 니가 우습고 내가 우습다 죽음이 끝이라고 생각하느냐 니가 가진 니 별밤은 니 것이 아니다 별이 돼야 한다 별이 되기 위해서는 중심을 만들어야 한다 뱅뱅 돌아라 뱅뱅뱅 돌아라

돌고 도는 세상 아니냐

두 개의 정물
— 허튼소리

늙은이 둘이 산다는 말은 그도 혼자가 되고 나도 혼자가 된다는 말이 맞는가 산새가 돌아가 버리면 영락없이 두 개의 늙은 정물이 되어버리네 저승에 살아도 혼자 사는 것보다 둘이 사는 게 낫다는 말 맞기는 맞는 말 같은데 그는 어느 문을 열고 들어가고 나는 또 어느 문을 열고 들어갈 건지 아직 입을 맞추지 못했네 언제 입이 떨어져 무슨 말을 할지는 알 수 없지만 인사는 한 마디 해야 하는 것 아닌가 귀신이랑 살아도 혼자 사는 것보다 둘이 사는 게 낫다는 말 있기는 있는가 있다면 그 말은 그도 혼자가 되고 나도 혼자가 된다는 말이 맞는가 산새가 돌아가 버리면 영락없이 두 개의 정물이 되어버리네

푸른 하늘 오래 보기
— 허튼소리

찾아왔다가 돌아가는 산새의 뒷모습을 오래 보려면 눈을 반쯤 감거나 그보다 좀 더 감고 보아야 한다 큰눈 보다는 작은 눈이 더 멀리 더 오래 볼 수 있다 니 마음은 너무 깊고 멀어서 나는 눈을 반쯤 감고는 보지 못한다 그래서 눈을 딱 감고 본다 그게 보는 건지 아니 보는 건지는 잘 모르지만 니 마음도 내 마음 같다는 건 보인다 멀리서 보면 세상은 참 푸르다 그래서 너는 푸른 하늘이다

성묘 가는 날

아부지 어디 가셔유
응 —
아부지 아직 멀었어유
그냥 가자
아부지 어디 가셔유
허 — 그놈
할아버님 댁에 간다

아버지 따라 성묘 가는 날은
속도 없이 우쭐했다

* 아버지가 할아버지 성묘 가실 때에는 어머니는 어린 나에게 모시라 하셨다. 아버지는 여덟에 할아버지 할머니를 여의셨다.

까치소리
— 허튼소리

까치가 짖는다
까치까치 짖는다
가을의 긴 그림자가
통나무의자에 앉아서
책을 읽는다
좋은 책이란
자네를 화나게 하는 책일세
웃지 말게
가을의 긴 그림자가
고개를 갸우뚱 한다
까치가 짖는다
까치까치 짖는다

가슴과 머리
— 허튼소리

    나무들도 가슴이 있고 머리가 있지 싶다 가슴도 하나만 있고 머리도 목 위에 하나만 있는 줄 알았더니 손가락 발가락 끝에도 온몸 구석구석에도 두근두근 박동이 온다 그걸 보면 거기에도 다 가슴과 머리가 있지 싶다 그래서 어김없이 봄 여름 갈 겨울 제철옷 갈아입고 살지 싶다

    장작더미 속에도 박동이 있다 그냥 아무데서나 두근거리고 아무데서나 꿈을 꾸고 그렇게 살게 누가 가슴과 머리를 버리고 간 것 아니면 죽은 나무에도 여기저기 가슴이 있고 머리가 있지 싶다 그래서 어김없이 봄 여름 갈 겨울 제철노래 부르고 살지 싶다

    밤하늘에도 두근거리는 별이 가득하고 어둠속에도 잠 못 드는 꿈이 가득하지 싶다

가을에는
― 허튼소리

사람이 보고 싶다. 하루에도 몇 번씩 내게 전화를 걸어놓고 누구세요 전화 잘못 걸었습니다 하고 끊어버리는 내 친구 최 교수의 애완동물 고양이 인형이 보고 싶다. 할아버지 보고 싶었지 하면 아니요 하고 할아버지 안 보고 싶었지 하면 보고 싶었어요 하는 늦둥이 손주 녀석의 별자리가 보고 싶다. 운문보다는 산문에 소질이 있으면서 시를 써 가지고 내 연구실을 들락날락하던 문학청년 김군과, 그 학생을 따라다니던 다리가 좀 불편한 여학생, 박군이 사는 종점 마을의 아이들이 보고 싶다. 내 심장을 수술한 겁 없는 의사와 내 뱃속의 암덩어리를 네 번씩이나 도려낸 그 의사들의 엑스레이 사진과 초음파사진이 보고 싶다. 벌써 서너 달 보이지 않는 변강쇠 서영감의 쓸쓸한 개똥모자와 어느 마을 어귀에 언제나처럼 그렇게 서 있는 바보장승 장영감의 너털웃음이 보고 싶다.

가을에는 사람이 보고 싶다. 내가 보고 싶다.

바람은 왜

바람은 왜
나무 위에 집을 짓고 살까
날개가 있기 때문일까
사람보다 높은 곳에
마음 두고 있기 때문이다
사람보다 먼 곳에
마음 두고 있기 때문이다
거기가 어디일까
누가 살고 있을까
바람은 왜
나무 위에 집을 짓고 살까
날개가 있기 때문일까

가을서정

나뭇잎이 떨어집니다 무릎이 허전합니다 누가 먼 길을 떠나고 있습니까 지팡이를 짚고 따라 나섭니다 가을과 함께 쓸쓸하면 외로움도 길동무입니다 바람이 그윽합니다 귀뚜라미는 오늘밤의 노래를 준비중입니다 기도하고 싶습니다 어머니는 거기 어디 계십니다 오늘 밤은 달이 뜰 겁니다 비가 와도 뜰 겁니다

가을달

누가 나를 부르셨나요
바람소리에 귀 열어 놓고
작은 그리움이 됩니다
낮에는 없는 듯 있다가
밤에는 있는 듯 있는
달이여 당신은 이승 꿈인지
아니면 저승 꿈인지
외로움입니다
누가 나를 부르셨나요
낙엽소리에 문 열어 놓고
작은 그리움이 됩니다

팅부둥 聽不懂
— 티베트여

팅부둥팅부둥 풍경소리
노불님 팅부둥
입 닫으셨네 팅부둥
오체투지 풀벌레
어둡다고 밟지 마라 팅부둥
하루살이 날벌레
불 있다고 분신 마라 팅부둥
팅부둥팅부둥 풍경소리
생불님 팅부둥
못 알아듣겠네 팅부둥
알아들어도
못 알아듣겠네 팅부둥

풍경소리 팅부둥팅부둥

* 聽不懂(팅부둥) : 중국어. 알아들을 수 없다 못 알아듣겠다.

়
5 산 59번지

산 59번지
― 허튼소리

   빗물이 길을 잃는다 어디로 가야 하나 그 길이 생각나지 않는다 몇 시쯤 됐을까 세상은 비에 젖은 낡은 신문지 아주 오래된 속보 어디로 가야하나 길은 하나면 되지 싶은데 그만하면 많은 길이지 싶은데 너로 돌아가는 길 그 길이 생각나지 않는다 빗물이 길을 잃는다 어디로 가야하나 눈을 감아도 생각나지 않는다 비가 내린다 산성동 산 59번지에 비가 내린다

얼굴 그리기

얼굴을 지운다
그래도 남은 곳이 있다
남은 곳을 태워버린다
그래도 또 남은 곳이 있다
남은 곳을 땅에 묻어버린다
그래도 어딘가 다
지워지지 않은 곳이 있다

한번 그린 얼굴은
아무리해도 다 지워지지 않는다
다른 곳에 다시 그리든지
아니면 그대로 그냥 기억해 두든지
하는 것이 답이다
나도 너도
어머니도 다 지우지 못한다
그래서 하느님은 하늘에
얼굴을 그리신다

마곡사磨谷寺에서

눈을 감으면 너는 여기 있는데 눈 부릅뜨고 나는 여기서 너 보기를 기다린다

달밤도 있더라 여우가 시집가는 날도 있더라 태양을 까맣게 먹칠하고 절망하던 날도 있고 바람난 개가 돌아오지 않아 하얗게 새운 밤도 있더라

모든 게 여기 있는데 나만 왜 여기 없느냐 여기 웬 초라한 늙은이가 어슬렁거리긴 하지만 아무도 그를 알아보지 못한다 너도 아니고 나도 아니다 그래서 나는 눈 부릅뜨고 여기서 너 보기를 기다린다

사천왕의 변이 아니다 나는 눈 부릅뜨고 여기서 너를 보고 싶다 나는 아직 울고 싶지 않다

소망의 저편

땅이 그리워 땅위에 눕고
하늘이 그리워 하늘을 보고 눈을 감으면
나를 떠난 것들이 모두 내게로 돌아와
그리워 함께 눕는다

기다리지 마라 너는 속았다
우리는 아무도 다시 만날 수 없다
그래서 소망의 저편에 다다를 수 없다
기다리지 마라 너나 나나 다 속았다

여기가 그리운 소망의 저편이다

겨울모기
— 허튼소리

　우리집 지하에는 월동하는 모기들이 살고 있습니다 어떤 놈은 겨울잠을 자지 않고 왕성한 흡혈 본능을 드러냅니다 불을 켜지 않으면 절간 해우소같이 침침해서 놈들은 가끔 주인인 나를 몰라보고 필사적으로 덤벼듭니다 비구의 엉덩이나 비구니의 어디를 물고 온 놈들인지 꽤나 낭만적인 몸짓을 하고 내 눈꺼풀과 콧등을 집중 공략합니다 고약한 놈들입니다 나 같은 80늙은이를 무는 놈들은 필시 오래 살지 못할 게 뻔합니다. 놈들은 와도 크게 잘못 왔습니다 미안합니다 모기 소탕작전을 벌여야겠습니다 독한 모기향에 불을 붙여놓고 한 사흘쯤 문을 꼭 닫아둘 겁니다 그래도 살아남는 놈이 있다면 살충제로 박멸하겠습니다

　이런들 이 세상 겨울모기의 정력이 다 시들어 버리겠습니까. 협상을 생각해 보아야겠습니다. 테이블 하나면 됩니다.

어느날
― 허튼소리

　내 친구 눈사람은 누가 데려갔을까 여름내 꼿꼿이 서서 종답을 지키던 늙은 허수아비 그 영감의 머리통과 염통은 누가 뽑아갔을까 천하대장군 지하여장군은 왜 장마당에 가 있고 솟대 우에 앉아서 하늘을 우러르던 솟대새는 왜 또 거기 따라가서 낙곡을 줍고 있는가

　내 달을 업어간 자는 누구인가 내 그림자를 밟아 죽인 자는 누구인가 시간은 오지 않으면 가지도 않는다 그 세월 속에 처음처럼 나는 다시 돌아올 수 있을까

　눈사람은 허수아비를 낳고 허수아비는 천하대장군 지하여장군을 낳고 그 후손들은 어느날 로봇과 외계인을 낳고…

　세상이 뚜벅뚜벅 걸어오는 걸 보면 끊었던 담배 생각이 난다

은둔
— 허튼소리

개하고 바람이 나보고 자꾸 물러나라 저리 가라 한다 왜 저승사람이 이승에 와 있느냐고 한다 자꾸 물러서다 보니 산이 보인다 좀 더 뒤로 물러서면 내가 무엇인지 보일 것 같다 더 좀더 뒤로 물러서면 내 발등이 무엇인지도 보일 것 같다 여든이 넘은 지금까지도 개하고 바람은 나보고 저리 가라 물러나라 한다 저승사람이 왜 이승에 와 있느냐고 한다 코밑도 못 보는 내가 그걸 어찌 알까 자꾸 물러나다 보면 내 자리가 어느 별인지 알게 되겠지

달 속에 눈부처 계시다 내 껍데기여 오라 니 안에 들어가 쉬고 싶다 없다 아무도 없다 산새는 울고

별 그리기

별이 없는 밤엔
잠이 잘 오지 않습니다
하늘이 없기 때문입니다
하늘을 꿈꾸며 자는 아이들은
밤새도록 유리창에
까만색을 칠하지만 그것은
하늘이 아니라 밤입니다
별을 그려야만 비로소
하늘이 열립니다
별 하나에 하늘과
별 둘에 하늘이 그립습니다
오늘밤은 하늘이 없습니다
별이 없기 때문입니다
하늘을 꿈꾸며 자는 아이들은
꿈속에 가득
까만색을 칠하지만 그것은
하늘이 아니라 밤입니다
별을 그려야만 비로소
하늘이 열립니다,

아이들은 오늘밤에
별 하나를 그릴 겁니다.
그리고 별이 될 겁니다.

신위 神位
— 허튼소리

신은 문을 잠그어 놓고 들어오라 하신다. 문 앞에 엎드려 간절히 기도하지만 결코 문을 열어주지 않으신다 문 앞에서 기도하다 죽은 자들이 즐비하다. 문을 열어주지 않으면 문을 부수어 버리고 들어가든지 돌아가 버리면 아니될까 왜 거역 한 번 못하고 순종하다 죽는가. 신의 영역은 허술해도 신의 궁전은 공고하다. 그래서 신은 신이고 사람은 사람이다. "산은 산이요 물은 물이다" 신이 아니고는 신의 궁전에 들어가지 못한다.

우리 아버지도 신위시고 우리 어머니도 신위신데 신이 되긴 되신 걸까.

열반

파리보살 열반하시다
정좌한 그 모습
꽤나 학덕 높으신 보살님 같다
그 자리에 그냥 두고 보리라
며칠을 살피다

그런데 어느날 개미들이
극락정토로 모셔갔다

명銘

하늘에서 날아온 돌이
뒤통수를 치는 것
그래서 뱅뱅 도는 세상
별 하나만 있었으면 하고
두 손 내젓는 것
그러다가
맞아죽어도 다시 한 번
그 돌에 맞아봤으면
맞아봤으면 하는 것
그게 사랑이라네
누구는 그런 사랑 했다네
밥만 먹고는 못 살지
누구는 아무나 못 하는
그런 사랑했다네

작별作別

산새가 찾아와서
오늘은 내게
작별을 고하고 있네
한 발짝 뒤에 서서
내가 보고 있고
산새 소리가 어설프다
우는 걸까 웃는 걸까
어려서 가출한 내가
오늘 찾아와서 내게
작별을 고하고 있네
한 발짝 뒤에 서서
산새가 보고 있고
우는 걸까 웃는 걸까
어설프다

떠날 수 있는 이유

보고 싶은 사람을 보라
보기 싫은 사람도 보고
그러나 눈을 감고 보라
숨겨진 니가 보이리라
꿈도 보라
그리고 본 것 다 잊어버려라
눈을 떠라
동화책 속의 세상이 보이면
너는 나보다 행복한 족속이다
너를 버리지 말라
너는 너를 사랑하라
눈을 감아라
잃어버린 니가 보이리라
잃어버린 꿈도 보이리라
그리고 너도 너를 잊어버려라
그것이 사랑이다
내가 너를 떠날 수 있는
이유가 여기에 있다

오늘밤 바람은 다 잊어버렸다
무신경이다.

석별 惜別

떠나가는 기러기 보내기 섭섭하면
막걸리 한 사발 마시고
서녘 하늘에 노을이 되어 있거라
섭섭해도 한참은 얼굴 붉히고
마음 붉히고 보낼 수 있지 않니

노옹 老翁

세월 이기는 장사 못 보았다
봄바람 데리고 가끔 찾아오는
저 친구 얼굴에도 저승꽃이 피었다
돌부처도 세월은 못 이기는가
비운 마음
있는 것도 아니고 없는 것도 아니라면
저승꽃 그림자
왜 봄볕에 나와 졸고 있는가
오늘이 며칠이지 2월하고
오늘이 며칠이더라

막걸리

내 팔자 내가 아니
니가 아니
막걸리에 가락 한 수 타 마시고
하늘 보고 눕는다
'기집 죽고 자식 죽고'
비둘기는 울고
왜 하늘이 빙빙 도는지
니가 아니 내가 아니

달팽이 외나무다리 건너기

김명배 시집

발 행 일 | 2015년 1월 20일
지 은 이 | 김명배
발 행 인 | 李憲錫
발 행 처 | 오늘의문학사
출판등록 | 제55호(1993년 6월 23일)
주   소 | 대전광역시 동구 삼성1동 125-6 한밭오피스텔 401호
전화번호 | (042)624-2980
팩시밀리 | (042)628-2983
홈페이지 | http://www.lito77.co.kr(홈페이지)
전자우편 | hs2980@hanmail.net

공 급 처 | 한국출판협동조합
주문전화 | (070)7119-1741~2
팩시밀리 | (031)944-8234~6

ISBN 978-89-5669-659-1
값 10,000원

ⓒ김명배.2015

* 이 책은 ㈜교보문고에서 E-Book(전자책)으로 제작·판매합니다.
* 잘못 제작된 책은 바꾸어 드립니다.